Vorschriften- sammlung

Ordnungswidrigkei- tenmanagement Hamburg

Für Mitarbeiter des

Ordnungsamtes

von

Stefan Wahle

Diplom-Sozialökonom

www.buch.guru

Impressum

© 2021 Copyright by Stefan Wahle, Hamburg, 1. Auflage

Herausgeber: „Buch Guru Media" ®

www.sw-sportbuch.de
info@sw-sportbuch.de
www.facebook.com/Stefan.Wahle.Autor

Verlag und Herstellung:

BoD – Books on Demand, Norderstedt

ISBN 978-3-7543-9677-3

3

Haftungsausschluss

Für die Richtigkeit und Aktualität der zitierten Gesetze und Verordnungen sowie für deren Auslegung wird keine Haftung übernommen!

Vorwort

Was in anderen Städten unter den Namen Ordnungsamt, kommunaler Ordnungsdienst, Stadtpolizei oder Polizeibehörde (Dresden) läuft, nennt sich in Hamburg „Ordnungswidrigkeitenmanagment" und ist in den Bezirksämtern im Fachamt Management des öffentlichen Raumes angesiedelt.

Zu den Aufgaben eines Außendienstmitarbeiters im Ordnungswidrigkeitenmanagement gehören:

- Überprüfung von Sondernutzungen auf Straßen und Grünflächen
- Abarbeitung von Sauberkeitsmängeln
- Aufnahme und Abarbeitung von Bürgerbeschwerden
- Ahndung von Ordnungswidrigkeiten im öffentlichen Raum
- Einhaltung der Ladenschlusszeiten
- Konzessionsüberwachung Gaststätten

In diesem Buch werden die dafür hauptsächlich anwendbaren Gesetzestexte zitiert und mit Anmerkungen des Autors versehen. Die Paragraphenüberschriften wurden als Zusammenfassung des Inhaltes zur Förderung der Übersichtlichkeit hinzugefügt. Wichtige Stellen der Texte für die dienstliche Anwendung wurden mit Fettdruck unterlegt. Nicht relevante Paragraphen wurden weggelassen.

1. Hamburgisches Wegegesetz

Anmerkungen:

Aus dem „Hamburgischen Wegegesetz" ergibt sich eine der Hauptaufgaben des Außendienstes. Zum Grundverständnis muss man sich erst einmal mit den Definitionen für die Begriffe „öffentlicher Weg" und seine Bestandteile (§ 2) sowie „Gemeingebrauch" (§ 16) beschäftigen.

Daraus ergeben sich dann die „Sondernutzungen" gemäß § 19 und wo diese stattfinden.

Typische Sondernutzungen können sein:

- Außengastronomie: Aufstellung von Stühlen und Tischen im öffentlichen Raum,
- Aufstellung von Baucontainern, Toiletten, Lagerung von Baustoffen,

Wenn wir nun im Außendienst eine Sondernutzung antreffen, prüfen wir, ob

- eine Sondernutzungserlaubnis vorliegt und ob
- die Bedingungen der erteilten Erlaubnis eingehalten werden (Größe der Fläche, Anzahl der Tische, örtliche Lage, etc.)

Sollten die Bedingungen nicht eingehalten werden oder sogar keine Erlaubnis vorliegen, hat die verantwortliche Person gemäß § 60 eine „Beseitigungspflicht". Als Außendienst haben wir dann gemäß § 61 die „Anordnungsbefugnis" zur Beseitigung, die **mündlich an Ort und Stelle** getätigt werden kann.

In § 23 Absatz 1 ist geregelt, dass öffentliche Wege nicht verschmutzt oder beschädigt werden dürfen. Auch daraus kann sich eine Beseitigungspflicht gemäß § 60 ergeben.

In § 72 sind alle Ordnungswidrigkeiten aufgelistet. Neben der Anordnung der Beseitigung dokumentieren wir den Vorfall und können ein Ordnungswidrigkeitenverfahren gegen die verantwortliche Person einleiten.

§ 2 Öffentliche Wege

(1) Öffentliche Wege im Sinne dieses Gesetzes sind alle **Wege, Straßen und Plätze, die dem Gemeingebrauch gewidmet sind** und nicht zu einer öffentlichen Grün- und Erholungsanlage gehören.

(2) Zu den öffentlichen Wegen gehören:
1. der Wegekörper; das sind insbesondere der Wegegrund, der Wegeunterbau, die Wegedecke, die Brücken, Tunnel, Durchlässe, Dämme, Gräben, Entwässerungsanlagen, Böschungen, Rampen, Stützmauern, Trenn-, Seiten-, Rand- und Sicherheitsstreifen;

2. der Luftraum über dem Wegekörper;

3. das Wegezubehör; das sind die Beleuchtung, die Verkehrszeichen und die sonstigen Anlagen, die der Sicherheit und Leichtigkeit des Straßenverkehrs, dem Schutz der am Verkehr Teilnehmenden oder der Anliegerinnen und Anlieger oder der Ordnung auf dem Wege dienen, und die Bepflanzung.

Bei öffentlichen Wegen auf Hochwasserschutzanlagen gehören zum Wegekörper lediglich der Wegeunterbau und die Wegedecke.

§ 16 Gemeingebrauch

(1) **Die öffentlichen Wege dienen dem Gemeingebrauch**. Sie dürfen ohne besondere Erlaubnis im Rahmen der Widmung und der Vorschriften über den Straßenverkehr zum Verkehr benutzt werden, soweit andere dadurch nicht in ihrem Gemeingebrauch unzumutbar beeinträchtigt werden und Sondernutzungen nicht entgegenstehen. Im Rahmen des Gemeingebrauchs hat der fließende Verkehr den Vorrang vor dem ruhenden Verkehr.

(2) Zum Gemeingebrauch gehört nicht die Benutzung eines Weges zu anderen Zwecken, insbesondere zur Gewerbeausübung. Das Nähere bestimmt der Senat durch Rechtsverordnung.

(3) Die Wegeaufsichtsbehörde kann den Gemeingebrauch an Wegen oder Wegeteilen zeitweilig beschränken oder aufheben; sie hat die betreffenden Wege entsprechend zu kennzeichnen.

§ 19 Sondernutzungen

(1) **Jede Benutzung der öffentlichen Wege, die ihren Gebrauch durch andere dauernd ausschließt oder in den Wegekörper eingreift oder über die Teilnahme am allgemeinen öffentlichen Verkehr (Gemeingebrauch) oder den Anliegergebrauch hinausgeht, ist Sondernutzung.** Sie bedarf der Erlaubnis der Wegeaufsichtsbehörde.
Ein Anspruch auf die Erlaubnis oder auf eine erneute Erteilung der Erlaubnis besteht nicht.
Sie kann erteilt werden, wenn
1. die Sicherheit des Verkehrs nicht eingeschränkt und die Leichtigkeit des Verkehrs nicht unverhältnismäßig beeinträchtigt wird,
2. der Gemeingebrauch entweder nicht unverhältnismäßig eingeschränkt oder nicht für unverhältnismäßige Dauer ausgeschlossen wird und
3. insbesondere Wegebestandteile, Maßnahmen der Wegebaulast, die Umgebung oder die Umwelt, städtebauliche oder sonstige öffentliche Belange einschließlich der

Erzielung von öffentlichen Einnahmen auf Grund der Wegenutzung und die öffentlichen oder privaten Rechte Dritter nicht unverhältnismäßig beeinträchtigt werden.

(2) Die Erlaubnis darf nur befristet erteilt werden.

(2a) Das Verfahren zur Erlaubnis von Sondernutzungen kann über den einheitlichen Ansprechpartner Hamburg abgewickelt werden. Es gelten die Bestimmungen zum Verfahren über die einheitliche Stelle nach §§ 71a bis 71e HmbVwVfG . Die Frist für das Verfahren beträgt drei Monate. § 42a Absatz 2 Sätze 2 bis 4 HmbVwVfG ist anzuwenden.

(3) Die Freie und Hansestadt Hamburg kann für die Sondernutzung Gebühren nach den Bestimmungen des Gebührengesetzes vom 5. März 1986 (HmbGVBl. S. 37), zuletzt geändert am 4. Dezember 2001 (HmbGVBl. S. 531, 532), und der dazu erlassenen Gebührenordnungen in der jeweils geltenden Fassung oder in den Fällen des Absatzes 5 ein Entgelt, das den vollen Wert der Nutzung ausgleicht, verlangen.
Sie kann ferner die Erstattung aller Kosten fordern, die ihr im Zusammenhang mit der Sondernutzung entstehen, soweit sie nicht bei der Bemessung des vollen Wertes der

Nutzung oder der Gebührenhöhe berücksichtigt worden sind.
Zu diesen Kosten gehören auch Entschädigungs- und Schadensersatzleistungen, welche die Freie und Hansestadt Hamburg in Zusammenhang mit der Sondernutzung auf Grund einer Rechtspflicht erbringen muss.
Sie kann für die Kosten angemessene Vorauszahlungen oder Sicherheiten verlangen.

(4) Die Erlaubnis darf auch widerrufen werden, wenn die für die Sondernutzungen zu entrichtenden Gebühren trotz Fälligkeit und Mahnung nicht oder nicht vollständig entrichtet werden.

§ 23 Schutz der öffentlichen Wege

(1) **Die öffentlichen Wege dürfen weder verunreinigt noch beschädigt werden**.

(2) Es ist unzulässig, auf den an öffentlichen Wegen angrenzenden Grundstücken
1. ohne ausreichende Sicherung des Weges Aufschüttungen, Aufgrabungen oder sonstige Bodenveränderungen vorzunehmen;
2. ohne Schutzvorrichtungen Einfriedigungen mit Stacheldraht anzubringen;
3. sonstige Handlungen vorzunehmen, die zu einer Beschädigung des Wegekörpers,

zu einer Beeinträchtigung des Gemeingebrauchs oder zu einer Gefährdung der den
Weg Benutzenden führen können.

(3) Unzulässig ist ferner:
1. auf öffentlichen Wegen Handzettel zu
gewerblichen Zwecken zu verteilen;
1a. Personen anzusprechen oder anzuhalten,
um für das Aufsuchen von Gaststätten,
Vergnügungsstätten oder sonstigen Betriebs-
und Verkaufsstätten zu werben;
2. auf öffentlichen Wegen Fahrzeuge zum
Verkauf feilzubieten und gewerbsmäßig in
stand zu setzen oder Hausmüllgefäße
aufzustellen, soweit es nicht zur Müllabfuhr
erforderlich ist;
3. Schnee, Laub, Schutt, Müll oder andere
Gegenstände von den Grundstücken auf
einen öffentlichen Weg zu bringen oder
Regen- und Schmutzwasser dorthin
abzuleiten;
4. Dung- oder Abfallgruben in einem
geringeren Abstand als 5 m von der Grenze
eines öffentlichen Weges anzulegen;
5. Türen, Fenster, Fensterläden, Fahnen-
stangen, Markisen, Antennen und dergleichen
so anzulegen, dass sie in den Luftraum über
Geh- und Radwegen in einer Höhe von
weniger als 2,50 m oder über Fahrbahnen in
einer Höhe von weniger als 5,50 m
aufschlagen oder hineinragen.

(4) Die Wegeaufsichtsbehörde kann verlangen, dass zur Vermeidung von Tropfenfall von Dächern, Balkonen, Brücken und anderen Bauteilen, die in einen öffentlichen Weg hineinragen, Schutzvorrichtungen angebracht, instandgesetzt oder verändert werden.

(5) Die Anliegerinnen und Anlieger sind verpflichtet, Bäume und Sträucher auf ihrem Grundstück so zu halten, dass keine Zweige in den Luftraum über einem öffentlichen Weg in einer Höhe von weniger als 2,50 m über Geh- und Radwegen und von weniger als 4,50 m über Fahrbahnen hineinragen.
Darüber hinaus kann die Wegeaufsichtsbehörde verlangen, dass Zweige im Luftraum über einem öffentlichen Weg beseitigt werden, soweit das aus Gründen des Verkehrs erforderlich ist oder die öffentliche Beleuchtung beeinträchtigt wird.

(6) Die in § 21 Absatz 3 genannten Zeichen und Einrichtungen dürfen nicht entfernt, verunreinigt oder beschädigt werden. Auch ist alles zu unterlassen, was die freie Sicht auf diese Zeichen und Einrichtungen oder ihr Auffinden erschwert.

(6a) Dauern Arbeiten zur Veränderung öffentlicher Wege nach § 22 einschließlich ihrer endgültigen Wiederherstellung oder die nach § 19 erlaubte Nutzung öffentlicher Wegeflächen zur Einrichtung von Baustellen länger als 48 Stunden, sind die für die jeweiligen Arbeiten oder Nutzungen Verantwortlichen, der Anlass der Bauarbeiten und die Bauzeiten für die Verkehrsteilnehmerinnen und Verkehrsteilnehmer deutlich sichtbar am Ort der Baustelle bekannt zu geben.

(7) Die Wegeaufsichtsbehörde kann in besonderen Fällen von den Vorschriften der Absätze 2, 3 und 5 Ausnahmen zulassen. Soweit die Ausnahme zu einer Sondernutzung führt, wird sie durch eine Erlaubnis nach § 19 ersetzt.

§ 60 Beseitigungspflicht

(1) Stellt das Verhalten einer Person oder der Zustand einer Sache einen Verstoß gegen dieses Gesetz oder die auf Grund dieses Gesetzes erlassenen Rechtsverordnungen dar, ist die nach allgemeinem Polizeirecht **verantwortliche Person verpflichtet, die Folgen zu beseitigen und den ordnungsmäßigen Zustand wieder herzustellen**. An ihrer Stelle und auf ihre Kosten handelt die Wegeaufsichtsbehörde, wenn dazu in den öffentlichen Weg eingegriffen, dieser instandgesetzt werden muss oder Gefahr im Verzuge besteht.

(2) Absatz 1 gilt entsprechend, wenn eine Erlaubnis zur Sondernutzung erloschen ist,

insbesondere durch Fristablauf, Widerruf oder Rücknahme.

§ 61 Anordnungsbefugnis

Die Wegeaufsichtsbehörde kann die zur Durchführung dieses Gesetzes, insbesondere **der Beseitigungspflicht nach § 60 erforderlichen Verfügungen gegen den Pflichtigen erlassen.**
Wer verpflichtet ist, bestimmt sich nach allgemeinem Polizeirecht, soweit dies Gesetz keine Regelung trifft.
Die Vollzugsbeamtinnen und -beamten der Behörde können solche **Verfügungen auch mündlich an Ort und Stelle treffen**.

§ 72 Ordnungswidrigkeiten

(1) Ordnungswidrig handelt, wer vorsätzlich oder fahrlässig
1. nicht zum Befahren bestimmte Wegeflächen unbefugt mit Fahrzeugen benutzt;
2. einen öffentlichen Weg über den Gemeingebrauch oder den Anliegergebrauch hinaus ohne die nach § 19 erforderliche Erlaubnis oder eine private Verkehrsfläche zum Aufstellen von Gegenständen ohne die nach § 25 Absatz 2 erforderliche Erlaubnis benutzt;

3. die in einer Erlaubnis nach den §§ 18 , 19 , 22 oder 25 Absatz 2 enthaltenen Auflagen nicht erfüllt;

4. einen öffentlichen Weg ohne die nach § 22 erforderliche Erlaubnis verändert;

5. den Vorschriften des § 23 Absätze 1 bis 3, 6 und 6a zuwiderhandelt;

6. einer Pflicht nach den §§ 23 Absatz 5 , 29 , 30 , 31 , 34 , 35 oder 36 nicht nachkommt, insbesondere als reinigungspflichtige Person nicht dafür sorgt, dass nach § 34 Beauftragte die Reinigung ordnungsgemäß ausführen, oder im Falle des vorübergehenden oder dauernden Wegfalls der Eignung der Beauftragten nicht unverzüglich eine andere Person mit der Reinigung beauftragt;

7. entgegen § 30 Absatz 2 Satz 2 Kehricht auf oder in andere Bestandteile der öffentlichen Wege verbringt;

8. der Pflicht nach § 25 Absatz 1 Satz 1 nicht nachkommt;

9. entgegen § 25 Absatz 1 Satz 3 oder § 31 Absatz 2 Satz 2 Tausalz oder tausalzhaltige Mittel zum Streuen verwendet.

(2) Die Ordnungswidrigkeit kann mit einer Geldbuße bis zu 50000 Euro geahndet werden.

2. Gesetz über Grün- und Erholungsanlagen

Anmerkungen:

Gleich in § 1 werden öffentliche Grün- und Erholungsanlagen definiert und ausführlich aufgelistet.

In § 3 wird auf die Rechtsverordnung verwiesen, die weitere Regelungen zu den öffentlichen Grün- und Erholungsanlagen enthält und gleich im Anschluss an dieses Gesetz in der vorliegenden Vorschriftensammlung erläutert wird.

Genau wie auf öffentlichen Wegen können auch in öffentlichen Grün- und Erholungsanlagen „Sondernutzungen" stattfinden. Diese sind in § 4 geregelt. Sie bedürfen der Erlaubnis. Diese und deren Auflagen können durch den Außendienst gemäß § 5 überprüft und an Ort und Stelle bei Bedarf Anordnungen getroffen werden.

Mögliche Ordnungswidrigkeiten ergeben sich aus § 8. Diese sind entsprechend zu dokumentieren.

§ 1 (Definition)

(1) Öffentliche Grün- und Erholungsanlagen im Sinne dieses Gesetzes sind Anlagen, die der Gesundheit und Erholung der Bevölkerung dienen, von der Freien und

Hansestadt Hamburg unterhalten werden und vom Senat als öffentliche Grün- und Erholungsanlagen im Amtlichen Anzeiger bekannt gemacht worden sind.

Darunter fallen:

Grünflächen, Parks, Gärten, ehemalige Friedhöfe;

Grünflächen und Erholungsanlagen in allgemein zugänglichen Kleingartengebieten;

Wanderwege, Gehölze;

Sport-, Spiel- und Badeplätze;

Zeltplätze;

Strandflächen.

(2) Auf die dem Kraftfahrzeugverkehr gewidmeten öffentlichen Wege und Plätze in öffentlichen Grün- und Erholungsanlagen findet dies Gesetz keine Anwendung.

§ 3 (Verweis auf Rechtsverordnung)

(1) Der Senat wird ermächtigt, durch Rechts-verordnung die erforderlichen Bestimmungen für die Benutzung und zum Schutze der öffentlichen Grün- und Erholungsanlagen zu treffen.

Dabei kann er insbesondere Verbote aussprechen und bestimmen, dass die zuständige Behörde im Einzelfall Ausnahmen zulassen kann.

(2) Ferner kann die zuständige Behörde in den öffentlichen Grün- und Erholungsanlagen

durch Gebote und Verbote Anordnungen über die Benutzung der Anlagen oder Teile von ihnen treffen, soweit nicht eine Regelung durch Rechtsverordnung nach Absatz 1 vorliegt.

Die Anordnungen sind durch Tafeln oder in sonst geeigneter Weise bekanntzumachen, soweit sich nicht aus der Natur der Anlage selbst ergibt, welcher Benutzungsart sie vorbehalten ist.

§ 4 (Sondernutzung)

(1) Die Benutzer von öffentlichen Grün- und Erholungsanlagen haben die Zweckbestimmung, wie sie sich aus der Natur der Anlage oder aus den nach § 3 erlassenen Vorschriften ergibt, zu achten.

(2) **Eine Benutzung der öffentlichen Grün- und Erholungsanlagen, die über den Rahmen der Zweckbestimmung der Anlagen hinausgeht, bedarf der Erlaubnis der zuständigen Behörde.**

§ 5 (Aufsicht, Anordnungsbefugnis)

(1) Unbeschadet der Aufgaben der Polizeivollzugsbeamten wird die Aufsicht in den öffentlichen Grün- und Erholungsanlagen von Aufsichtspersonen der zuständigen Behörde ausgeübt, die mit einem amtlichen Ausweis versehen sind.

(2) Die Aufsichtspersonen sind berechtigt, Verfügungen an Ort und Stelle zu treffen, soweit es für die Einhaltung der Gebote oder Verbote erforderlich ist, die sich aus diesem Gesetz oder aus den auf Grund dieses Gesetzes erlassenen Vorschriften (§ 3) ergeben.

Sie sind ferner berechtigt, von Benutzern der Anlagen, die den Geboten oder Verboten zuwidergehandelt haben, Auskunft über die Person zu verlangen.

§ 8 (Ordnungswidrigkeiten)

(1) Ordnungswidrig handelt, wer vorsätzlich oder fahrlässig

1. einer Vorschrift einer auf Grund des § 3 Absatz 1 oder § 7 erlassenen Rechtsverordnung zuwiderhandelt, soweit die Rechtsverordnung für einen bestimmten Tatbestand auf diese Bußgeldvorschrift verweist,

2. einer nach § 3 Absatz 2 erlassenen Anordnung zuwiderhandelt,

3. die öffentlichen Grün- und Erholungsanlagen ohne die nach § 4 Absatz 2 erforderliche Erlaubnis über den Rahmen ihrer Zweckbestimmung hinaus benutzt.

(2) Die Ordnungswidrigkeit kann mit einer Geldbuße geahndet werden.

3. Verordnung zum Schutz der öffentlichen Grün- und Erholungsanlagen

Anmerkungen:
Diese Rechtsverordnung wurde aufgrund des § 3 des Gesetzes über Grün- und Erholungsanlagen erlassen.

In § 1 dieser Verordnung sind alle erlaubten Nutzungsmöglichkeiten sowie alle Verbote aufgelistet. Dies wird durch den Außendienst überwacht.

Gemäß § 2 handelt ordnungswidrig, wer gegen ein Verbot des § 1 Absatz 3 Nummer 1 bis 14 verstößt.

§ 1 (Nutzungsmöglichkeiten, Verbote)

(1) Öffentliche Grün- und Erholungsanlagen dürfen nur so benutzt werden, wie es sich aus der Natur der einzelnen Anlage und ihrer Zweckbestimmung ergibt. Rad fahren geschieht auf eigene Gefahr; dabei ist auf die Belange der anderen dort Erholung Suchenden Rücksicht zu nehmen. Absätze 2 und 3 bleiben unberührt.

(2) Die Rasenflächen in den Grün- und Erholungsanlagen dürfen vorbehaltlich der Absätze 1 und 3 zum Liegen oder Spielen benutzt werden, soweit die zuständige

Behörde eine solche Benutzung nicht verboten und das Verbot durch eine in der Anlage angebrachte Tafel bekannt gemacht hat.

(3) **In den öffentlichen Grün- und Erholungsanlagen ist es verboten**
1. Bänke, Schilder, Hinweise, Denkmale, Einfriedigungen und andere Einrichtungen zu beschädigen, zu beschmutzen oder zu entfernen,
2. Wege, Rasenflächen, Anpflanzungen, andere Anlagen zu verändern, insbesondere aufzugraben oder sonst zu beschädigen,
3. Blumen, Zweige, Früchte abzubrechen, abzuschneiden oder abzupflücken,
4. Holz, Pilze, Früchte, Sämereien oder Vogeleier zu sammeln, Tiere zu fangen oder mutwillig zu beunruhigen oder Pflanzen, Gras, Laub, Kompost, Erde, Sand oder Steine zu entnehmen,
5. Hunde auf Spielplätze, Rasenflächen, Wiesenflächen oder in Blumengärten mitzunehmen, sowie Hunde außerhalb von durch die zuständige Behörde als Hundeauslaufzone besonders abgegrenzten und gekennzeichneten Flächen umherlaufen zu lassen oder anders als kurz angeleint zu führen,
6. außerhalb durch die zuständige Behörde dafür besonders gekennzeichneter Wege zu reiten, mit Kraftfahrzeugen zu fahren oder diese abzustellen,

7. außerhalb von Wegen und auf Spielplätzen sowie auf solchen Wegen Rad zu fahren, die von der zuständigen Behörde durch Verbotsschilder gemäß der Anlage zu dieser Verordnung gekennzeichnet sind,

7a. außerhalb durch die zuständige Behörde dafür besonders bestimmter Stellen zu zelten oder zu baden,

8. außerhalb durch die zuständige Behörde dafür zugelassener Rasenflächen und anderer dafür zugelassener Stellen Fußball zu spielen,

9. Waren und Dienste anzubieten oder Werbung irgendeiner Art zu betreiben,

10. Lärm zu erzeugen, insbesondere mit Rundfunkgeräten, Tonbandgeräten, Plattenspielern oder ähnlichen Geräten,

10a. auf Spielplätzen zu rauchen oder alkoholische Getränke bereitzustellen oder zu konsumieren,

11. Schusswaffen, Schieß-, Wurf- oder Schleudergeräte außerhalb dafür besonders bestimmten Stellens zu gebrauchen,

12. auf Spielplätzen Kinder zu behindern oder zu belästigen,

13. in der Zeit von 22.00 Uhr bis 6.00 Uhr in den Anlagen zu lagern,

14. die Jagd auszuüben.

(4) Von den Verboten nach Absatz 3 Nummern 2 bis 11, 13 und 14 kann die zuständige Behörde im Einzelfall Ausnahmen zulassen.

§ 2 (Ordnungswidrigkeiten)

Ordnungswidrig nach § 8 des Gesetzes über Grün- und Erholungsanlagen in der Fassung vom 2. März 1970 (Hamburgisches Gesetz- und Verordnungsblatt Seite 90) handelt, wer gegen ein Verbot des § 1 Absatz 3 Nummern 1 bis 14 verstößt.

4. Hamburger Hundegesetz

Anmerkungen:
In Hamburg gibt es einen zentralen „Hundekontrolldienst", der dem Bezirksamt Mitte angegliedert und für ganz Hamburg zuständig ist.

Dem normalen Außendienstmitarbeiter können jedoch Verstöße gegen die Anleinpflicht von Hunden gemäß § 8 oder die Kotbeseitigungspflicht gemäß § 20 begegnen, bei denen er handeln muss.

Hunde sind gemäß § 8 im öffentlichen Raum grundsätzlich an der Leine zu führen.
Ausnahmen:
- auf besonderen, dafür ausgewiesenen Hundeauslaufzonen gem. § 8 Absatz 3
- bei **Befreiung von der Anleinpflicht** (Bescheinigung ist mitzuführen und kann durch den Außendienst überprüft werden, gebunden an Hund + Person) gem. § 9 durch Ablegung einer **Gehorsamsprüfung + Antrag bei der zuständigen Behörde**; gilt auch auf besonders ausgewiesenen Teilflächen in Grün- und Erholungsanlagen

Die möglichen Ordnungswidrigkeiten werden in § 27 aufgelistet. Die Straftaten folgen in § 27a des Hundegesetzes.

§ 8 Anleinpflichten

(1) **Hunde sind außerhalb des eigenen eingefriedeten Besitztums, in Mehr-familienhäusern außerhalb der eigenen Wohnung, an einer geeigneten, insbesondere reißfesten Leine zu führen**. Im eingefriedeten Besitztum Dritter dürfen Hunde nur mit Zustimmung der Inhaberin oder des Inhabers des Hausrechts ohne Leine geführt werden. Die Aufsichtsperson muss körperlich und geistig in der Lage sein, den Hund sicher an der Leine zu halten.

(2) An einer höchstens 2 m langen geeigneten, insbesondere reißfesten Leine zu führen sind
1. Hunde, die bereits mehrfach Menschen oder Tiere verfolgt, anhaltend angebellt oder sie sonst erheblich belästigt haben,
2. läufige Hündinnen,
3. Hunde, die in Einkaufszentren, Fußgänger-zonen, Haupteinkaufsbereichen oder anderen Bereichen, Straßen und Plätzen mit vergleichbarem Publikumsverkehr oder bei öffentlichen Versammlungen, Aufzügen und Veranstaltungen mit großen Menschenan-sammlungen mitgeführt werden,
4. Hunde, die in unmittelbarer Nähe von Schulen, Spielplätzen, Kinder- und Jugendeinrichtungen mitgeführt werden.
Absatz 1 Satz 3 gilt entsprechend.

(3) Die Anleinpflicht nach den Absätzen 1 und 2 gilt nicht auf den von der zuständigen Behörde als **Hundeauslaufzonen** besonders gekennzeichneten Flächen. Die zuständigen Behörden sollen Hundeauslaufzonen in ausreichender Anzahl und für die Hundehalterinnen und Hundehalter möglichst wohnortnah erreichbar ausweisen. Ein Rechtsanspruch auf Ausweisung einzelner Flächen als Hundeauslaufzone besteht nicht.

(4) Die Anleinpflicht nach Absatz 1 gilt nicht während der Durchführung der Gehorsamsprüfung nach § 4 Absatz 1 .

(5) Weitergehende Regelungen über Anleinpflichten, die sich aus diesem Gesetz und anderen Rechtsvorschriften ergeben, bleiben unberührt. Dies gilt insbesondere für die Anleinpflichten nach
1. der Verordnung zum Schutz der öffentlichen Grün- und Erholungsanlagen vom 26. August 1975 (HmbGVBl. S. 154), zuletzt geändert am 5. Juli 2005 (HmbGVBl. S. 279),
2. dem Landeswaldgesetz vom 13. März 1978 (HmbGVBl. S. 74), zuletzt geändert am 17. Dezember 2002 (HmbGVBl. S. 347, 353),
3. den auf Grund von § 10 des Hamburgischen Gesetzes zur Ausführung des Bundesnaturschutzgesetzes vom 11. Mai 2010 (HmbGVBl. S. 350, 402), geändert am

23. Dezember 2011 (HmbGVBl. 2012 S. 3), in Verbindung mit §§ 22 und 23 des Bundesnaturschutzgesetzes vom 29. Juli 2009 (BGBl. I S. 2542), zuletzt geändert am 6. Februar 2012 (BGBl. I S. 148, 181), erlassenen Rechtsverordnungen und 4. dem Gesetz über den Nationalpark Hamburgisches Wattenmeer vom 9. April 1990 (HmbGVBl. S. 63, 64), geändert am 10. April 2001 (HmbGVBl. S. 52), in der jeweils geltenden Fassung.

§ 9 Befreiung von der Anleinpflicht

(1) Wer durch Vorlage einer Bescheinigung über die **Gehorsamsprüfung** (§ 4 Absatz 2) nachweist, dass er einen bestimmten Hund im Alltag unter Kontrolle hat und so halten und führen kann, dass von diesem voraussichtlich keine Gefahren oder erheblichen Belästigungen für Menschen, Tiere oder Sachen ausgehen, **wird auf Antrag von der zuständigen Behörde von der Anleinpflicht nach § 8 Absatz 1 befreit**. Die zuständige Behörde erkennt gleichwertige Bescheinigungen der zuständigen Stellen anderer Länder oder anderer sachverständiger Personen oder Einrichtungen als Bescheinigung über die Gehorsamsprüfung an. Darüber hinaus kann im Einzelfall auf Antrag die Befreiung von der Anleinpflicht erfolgen, wenn die Ablegung der Gehorsamsprüfung insbesondere auf Grund

des Alters beziehungsweise der Gesundheit des Hundes eine unzumutbare Härte darstellen würde, es keine Anhaltspunkte dafür gibt, dass von dem Hund Gefahren oder erhebliche Belästigungen für Menschen, Tiere oder Sachen ausgehen und die Hundehalterin oder der Hundehalter bislang nicht gegen die für das Führen oder die Haltung des Hundes geltenden Rechtsvorschriften verstoßen hat.

(2) Die für die Anerkennung sachverständiger Personen oder Einrichtungen im Sinne des § 4 Absatz 1 Satz 1 zuständige Behörde kann die Tätigkeit nach Absatz 1 Satz 1 auf die sachverständigen Personen oder Einrichtungen übertragen, die für die Durchführung der Gehorsamsprüfungen anerkannt worden sind. In diesem Fall hat die Antragstellerin oder der Antragsteller der sachverständigen Person oder Einrichtung vor Durchführung der Gehorsamsprüfung schriftlich zu versichern, dass es sich bei dem betroffenen Hund nicht um einen gefährlichen Hund im Sinne des § 2 Absätze 1 bis 3 handelt, für den betroffenen Hund kein Leinen- beziehungsweise Maulkorbzwang angeordnet und ihm oder ihr weder das Halten oder das Führen des betroffenen Hundes noch das Halten oder Führen von Hunden generell untersagt worden ist. Die sachverständige Person oder Einrichtung hat der zuständigen Behörde eine Kopie der Bescheinigung über die Befreiung von der

Anleinpflicht unter Angabe des Namens und der Anschrift der Antragstellerin oder des Antragstellers, der Nummer des Transponders des Hundes beziehungsweise in den Fällen des § 6 Absatz 2 der Angaben zur anderweitigen fälschungssicheren Kennzeichnung und des Datums der Ausstellung der Bescheinigung zum Zweck der Erfassung der betreffenden Daten im zentralen Register (§ 24) sowie auf Verlangen das Schriftstück nach Satz 2 zu übersenden sowie die Gebühr für die Befreiung von der Anleinpflicht bei der Antragstellerin oder dem Antragsteller zu erheben und an die zuständige Behörde weiterzuleiten.

(3) Die Befreiung von der Anleinpflicht **gilt nur für einen bestimmten Hund und die Person, die für diesen Hund den Nachweis nach Absatz 1 geführt hat**. Die Befreiung gilt entgegen § 1 Absatz 3 Nummer 6 der Verordnung zum Schutz der öffentlichen Grün- und Erholungsanlagen auch auf Wegen, Pfaden und Rasenflächen **in öffentlichen Grün- und Erholungsanlagen**, soweit die zuständige Behörde dies erlaubt und **die betreffenden Flächen in geeigneter Weise kenntlich gemacht** hat. Die Hundeführerin oder der Hundeführer hat sicherzustellen, dass der Hund von Spielplätzen und -flächen, als Liegewiesen genutzten Rasenflächen, Blumenbeeten, Unterholz, Uferzonen und Biotopen

ferngehalten wird. Die Anleinpflichten nach §
8 Absätze 2 und 5 und § 17 Absatz 2 Satz 1
Nummer 2 sowie die Mitnahmeverbote nach §
10 und § 17 Absatz 3 bleiben im Übrigen
unberührt.
Für die in Satz 2 genannten Flächen gilt § 8
Absatz 3 Sätze 2 und 3 entsprechend.

(4) Die Befreiung von der Anleinpflicht darf
nur erteilt werden, wenn die Halterin oder der
Halter des Hundes ihren bzw. seinen Anzeige-
und Mitteilungspflichten nach § 13 Absatz 1
nachgekommen ist. Ist die Tätigkeit nach
Absatz 1 Satz 1 gemäß Absatz 2 Satz 1
übertragen worden, hat die Antragstellerin
oder der Antragsteller der sachverständigen
Person oder Einrichtung vor Durchführung
der Gehorsamsprüfung nachzuweisen, dass
die Halterin oder der Halter des Hundes ihren
bzw. seinen Anzeige- und Mitteilungspflichten
nach § 13 Absatz 1 nachgekommen ist oder
der sachverständigen Person oder
Einrichtung die in § 13 Absatz 1 genannten
Angaben und Unterlagen zum Zweck der
Weiterleitung an die zuständige Behörde
auszuhändigen. Im letztgenannten Fall hat
die sachverständige Person oder Einrichtung
die Gebühr für die Anmeldung bei der
Antragstellerin oder dem Antragsteller zu
erheben und an die zuständige Behörde
weiterzuleiten.

(5) Für Hunde, für die ein Maulkorb-beziehungsweise unbeschränkter Leinenzwang angeordnet worden ist, darf die Befreiung nach Absatz 1 erst erteilt werden, wenn der Maulkorb- beziehungsweise Leinenzwang zuvor von der zuständigen Behörde aufgehoben worden ist. Entgegen Satz 1 erteilte Befreiungen von der Anleinpflicht sind nichtig. Die Bescheinigung über die Befreiung von der Anleinpflicht ist der zuständigen Behörde unverzüglich zu übergeben. Für Hunde, für die ein räumlich beschränkter Leinenzwang besteht, ist eine Befreiung nach Absatz 1 außerhalb des Gebietes, für das der Leinenzwang angeordnet wurde, auch bei Weiterbestehen dieses Leinenzwanges möglich.

(6) Die Befreiung von der Anleinpflicht erlischt mit der Anordnung eines unbeschränkten Leinenzwanges nach § 23 Absatz 6 . Die Bescheinigung über die Befreiung von der Anleinpflicht ist der zuständigen Behörde unverzüglich zu übergeben.

(7) **Die Bescheinigung über die Befreiung von der Anleinpflicht und ein Personen-Identitätsnachweis sind beim Ausführen des Hundes stets im Original mitzuführen und den Bediensteten der für die Durchführung dieses Gesetzes zuständigen Behörden auf Verlangen vorzuzeigen und zur Prüfung auszuhändigen**.

(8) Die zuständige Behörde kann auf Antrag für Hunde, die in einem Tierheim im Sinne des § 11 Absatz 1 Satz 1 Nummer 2 des Tierschutzgesetzes in der Fassung vom 18. Mai 2006 (BGBl. I S. 1207, 1313), zuletzt geändert am 18. Dezember 2007 (BGBl. 2007 I S. 3001, 2008 I S. 47), in der jeweils geltenden Fassung gehalten werden, oder für Personen, die gewerbsmäßig fremde Hunde betreuen, Ausnahmen von Absatz 3 Satz 1 zulassen.

(9) Hunde, die jünger als zwölf Monate alt sind, sind von der Anleinpflicht nach § 8 Absatz 1 befreit, wenn die Person, die mit dem Hund angetroffen wird, einen eindeutigen Nachweis über das Alter des Hundes (zum Beispiel Zuchtpapiere, tierärztliche Altersbestimmung) bei sich führt und diesen auf Verlangen den Bediensteten der für die Durchführung dieses Gesetzes zuständigen Behörden vorzeigt und zur Prüfung aushändigt.

§ 20 Kotbeseitigungspflicht

Wer einen Hund außerhalb des eigenen eingefriedeten Besitztums, in Mehrfamilienhäusern außerhalb der eigenen Wohnung, führt, **ist verpflichtet, den Kot des Hundes aufzunehmen und ordnungsgemäß zu**

entsorgen, soweit dies im Einzelfall möglich und angemessen ist.

§ 22 Ausnahmen

(1) Dieses Gesetz gilt nicht für
1. Diensthunde der Bundes- und Landesbehörden, Hunde des Rettungs-dienstes und des Katastrophenschutzes sowie Herdengebrauchshunde, soweit diese im Rahmen ihrer jeweiligen Zweckbestimmung eingesetzt werden,
2. Jagdhunde im Rahmen der Jagdausübung,
3. Blindenführhunde und Behindertenbegleit-hunde.

§ 27 Ordnungswidrigkeiten

(1) Ordnungswidrig handelt, wer vorsätzlich oder fahrlässig
1. a) entgegen § 7 Satz 1 einen Hund nicht so hält, führt oder beaufsichtigt, dass Menschen, Tiere oder Sachen nicht gefährdet werden,
b) entgegen § 7 Satz 2 einen Hund einer Person überlässt, die nicht die Gewähr dafür bietet, dass sie als Aufsichtsperson geeignet ist,
c) entgegen § 8 Absatz 1 einen Hund nicht an einer geeigneten, insbesondere reißfesten Leine führt,
d) entgegen § 8 Absatz 2 einen Hund nicht an einer höchstens 2 m langen geeigneten, insbesondere reißfesten Leine führt,

e) im Falle des § 9 Absatz 2 Satz 2 oder § 9 Absatz 4 Satz 2 gegenüber der sachverständigen Person oder Einrichtung wahrheitswidrige Angaben macht,

f) entgegen § 9 Absatz 3 Satz 3 nicht sicherstellt, dass der Hund von Spielplätzen und -flächen, als Liegewiesen genutzten Rasenflächen, Blumenbeeten, Unterholz, Uferzonen und Biotopen ferngehalten wird,

g) entgegen § 9 Absatz 5 Satz 3 oder § 9 Absatz 6 Satz 2 die Bescheinigung über die Befreiung von der Anleinpflicht nicht unverzüglich der zuständigen Behörde übergibt,

h) entgegen § 9 Absatz 7 die Bescheinigung über die Befreiung von der Anleinpflicht nicht im Original mitführt, auf Verlangen nicht vorzeigt oder nicht zur Prüfung aushändigt,

i) entgegen § 11 Absatz 1 einen Hund nicht fälschungssicher kennzeichnen lässt,

j) entgegen § 11 Absatz 2 einen Hund kein geeignetes Halsband oder Brustgeschirr tragen lässt,

k) einen Hund außerhalb des eingefriedeten Besitztums führt, der nicht entsprechend den Vorschriften einer auf Grund von § 25 Absatz 2 Satz 2 Nummer 1 erlassenen Rechtsverordnung gekennzeichnet ist, sofern diese Rechtsverordnung für einen bestimmten Tatbestand auf diese Bußgeldbestimmung verweist,

l) entgegen § 12 Absatz 1 keine Haftpflichtversicherung abschließt,

m) entgegen § 12 Absatz 1 die Haftpflichtversicherung nicht aufrechterhält,

n) entgegen § 13 den dort genannten Anzeige- und Mitteilungspflichten nicht oder nicht rechtzeitig nachkommt,

2. a) entgegen § 14 Absatz 1 einen gefährlichen Hund ohne Erlaubnis hält,

b) entgegen § 14 Absatz 4 eine Bescheinigung über die Antragstellung beziehungsweise die Erlaubnis nicht im Original mitführt, auf Verlangen nicht vorzeigt oder nicht zur Prüfung aushändigt,

c) einer Aufläge nach § 15 Absatz 2 nicht Folge leistet,

d) entgegen § 17 Absatz 1 Satz 1 einen gefährlichen Hund nicht so hält, führt oder beaufsichtigt, dass Menschen, Tiere oder Sachen nicht gefährdet werden,

e) entgegen § 17 Absatz 1 Satz 2 einen gefährlichen Hund nicht ausbruchssicher unterbringt,

f) entgegen § 17 Absatz 1 Satz 3 als Hundehalterin oder Hundehalter einen gefährlichen Hund einer Person überlässt, die nicht die Gewähr dafür bietet, dass sie als Aufsichtsperson geeignet ist,

g) entgegen § 17 Absatz 2 Satz 1 einen gefährlichen Hund nicht an einer geeigneten und reißfesten, in den Fällen des § 8 Absatz 2 Satz 1 Nummern 3 und 4 genannten Fällen höchstens 2 m langen Leine führt, keinen Maulkorb oder kein geeignetes Halsband beziehungsweise Brustgeschirr tragen lässt,

h) entgegen § 17 Absatz 2 Satz 4 mehrere gefährliche Hunde gleichzeitig führt,

i) entgegen § 17 Absatz 4 nicht durch ein Warnschild auf das Halten eines gefährlichen Hundes hinweist oder ein Warnschild verwendet, das nicht den Vorgaben des § 17 Absatz 4 entspricht,

j) entgegen § 18 Absatz 5 die Bescheinigung über die Antragstellung beziehungsweise die Freistellung von den besonderen Vorschriften für gefährliche Hunde nicht im Original mitführt, auf Verlangen nicht vorzeigt oder nicht zur Prüfung aushändigt,

k) entgegen § 19 Absatz 2 Satz 2 die Haltung eines gefährlichen Hundes nicht bei der zuständigen Behörde anzeigt oder nicht innerhalb der gesetzten Frist das Bestehen einer Haftpflichtversicherung oder die fälschungssichere Kennzeichnung des Hundes nachweist,

3. entgegen § 20 den Kot des Hundes nicht aufnimmt und entsorgt,

4. a) entgegen § 23 Absatz 1 der zuständigen Behörde nicht gestattet, die fälschungssichere Kennzeichnung des Hundes zu überprüfen und dabei insbesondere den Transponder abzulesen oder bei der Überprüfung der fälschungssicheren Kennzeichnung, insbesondere beim Ablesen des Transponders, nicht mitwirkt,

b) entgegen einer vollziehbaren Anordnung nach § 23 Absätze 2 bis 5 einen Hund hält oder führt,

c) einer vollziehbaren Anordnung nach § 23 Absatz 6 zuwiderhandelt,

5. wider besseres Wissen behauptet oder verbreitet, dass ein bestimmter Hund keiner der in § 2 Absätze 1 und 3 genannten Gruppen oder Rassen angehört und keine Kreuzung im Sinne des § 2 Absätze 1 und 3 vorliegt,

6. sich nach einem Vorfall, bei dem ein von ihr oder ihm geführter Hund einen Schaden verursacht hat, vom Ort des Vorfalles entfernt, ohne die notwendigen Feststellungen ihrer oder seiner Person, des von ihr oder ihm geführten Hundes und der Art ihrer oder seiner Beteiligung ermöglicht zu haben,

7. entgegen § 21 Absatz 2 nicht sicherstellt, dass eine Verpaarung des Hundes mit anderen Hunden nicht erfolgt.

(2) Ordnungswidrig handelt, wer eine der in § 27 a bezeichneten Handlungen fahrlässig begeht.

(3) Die Ordnungswidrigkeit kann mit einer Geldbuße bis zu fünfzigtausend Euro geahndet werden.

(4) Hunde, auf die sich eine Ordnungswidrigkeit nach den Absätzen 1 und 2 bezieht, können nach den Vorschriften des Gesetzes über Ordnungswidrigkeiten eingezogen werden. § 23 des Gesetzes über Ordnungswidrigkeiten ist anzuwenden.

(5) Soweit Verstöße gegen Absatz 1 zugleich auch Verstöße nach der Verordnung zum Schutz der öffentlichen Grün- und Erholungsanlagen, dem Landeswaldgesetz, den auf Grund von § 10 des Hamburgischen Gesetzes zur Ausführung des Bundesnaturschutzgesetzes in Verbindung mit §§ 22 und 23 des Bundesnatur-schutzgesetzes erlassenen Rechtsverord-nungen oder dem Gesetz über den Nationalpark Hamburgisches Wattenmeer sind, sind die Verstöße nach diesem Gesetz zu ahnden.

§ 27a Strafvorschrift

(1) Mit Freiheitsstrafe bis zu zwei Jahren oder mit Geldstrafe wird bestraft, wer
1. einen Hund auf Menschen oder Tiere hetzt,
2. eine Kennzeichnung im Sinne des § 6 Absatz 1 unbefugt entfernt, entfernen lässt oder sonst wie unkenntlich macht oder verfälscht,
3. entgegen
a) § 21 Absatz 1 Hunde mit dem Ziel einer gesteigerten Aggressivität und Gefährlichkeit gegenüber Menschen oder Tieren züchtet oder ausbildet,
b) § 21 Absatz 2 Satz 1 mit gefährlichen Hunden züchtet,
c) § 21 Absatz 2 Satz 2 gefährliche Hunde mit dem Ziel einer weiteren Steigerung

ihrer Aggressivität und Gefährlichkeit ausbildet oder

d) § 21 Absatz 3 gewerbsmäßig mit gefährlichen Hunden handelt.

(2) In der Entscheidung kann angeordnet werden, dass der Hund, auf den sich die Straftat bezieht, eingezogen wird. § 74 a des Strafgesetzbuches ist anzuwenden.

5. Hamburgisches Verwaltungs-verfahrensgesetz

Anmerkungen:
In § 35 wird der Begriff des Verwaltungsaktes definiert. Die Sondernutzungserlaubnis nach § 19 Hamburgisches Wegegesetz wäre so ein Verwaltungsakt.
Ein Verkehrsschild mit Inhalt eines Gebotes oder Verbotes wäre ein Dauerverwaltungsakt in der Form einer Allgemeinverfügung.

§ 35 Begriff des Verwaltungsaktes

Verwaltungsakt ist jede Verfügung, Entscheidung oder andere hoheitliche Maßnahme, die eine Behörde zur Regelung eines Einzelfalles auf dem Gebiet des öffentlichen Rechts trifft und die auf unmittelbare Rechtswirkung nach außen gerichtet ist.
Allgemeinverfügung ist ein Verwaltungsakt, der sich an einen nach allgemeinen Merkmalen bestimmten oder bestimmbaren Personenkreis richtet oder die öffentlich-rechtliche Eigenschaft einer Sache oder ihre Benutzung durch die Allgemeinheit betrifft.

6. Hamburgisches Verwaltungs- vollstreckungsgesetz

Anmerkungen:
Eine Ersatzvornahme wäre die Anordnung der Abschleppung eines verkehrsrechtswidrig geparkten Fahrzeuges zur Gefahrenabwehr, z.B. Blockade einer Feuerwehrzufahrt.

§ 13 Ersatzvornahme

(1) Wird die Verpflichtung, eine Handlung vorzunehmen, deren Vornahme durch einen anderen möglich ist (vertretbare Handlung), nicht oder nicht vollständig erfüllt, so kann die Vollstreckungsbehörde die Handlung selbst ausführen oder durch eine andere Stelle oder eine dritte Person ausführen lassen. Die pflichtige Person sowie Personen, die Mitgewahrsam an den beweglichen oder unbeweglichen Sachen der pflichtigen Person haben, sind zur Duldung der Ersatzvornahme verpflichtet.

(2) Die Kosten der Ersatzvornahme sind von der pflichtigen Person zu tragen. Sie werden von der Vollstreckungsbehörde festgesetzt. Die Vollstreckungsbehörde kann der pflichtigen Person eine Vorauszahlung bis zur Höhe der voraussichtlich entstehenden Kosten auferlegen; hiergegen gerichtete Rechtsbehelfe haben keine aufschiebende

Wirkung. Kosten werden nicht erhoben, soweit dies grob unbillig wäre.

(3) Zahlt die pflichtige Person die Kosten der Ersatzvornahme oder die vorläufig veranschlagten Kosten nicht bis zu dem Tag, der sich aus der Fristsetzung ergibt, so hat sie für den Kostenbetrag von diesem Tage an bis zum Tage der Zahlung Zinsen in Höhe von fünf Prozentpunkten über dem Basiszinssatz für das Jahr zu entrichten. Von der Erhebung geringfügiger Zinsen kann abgesehen werden.

(4) Die Erhebung von Kosten nach dem Gebührengesetz vom 5. März 1986 (HmbGVBl. S. 37), zuletzt geändert am 14. Dezember 2010 (HmbGVBl. S. 667), in der jeweils geltenden Fassung, bleibt unberührt.

7. Ordnungswidrigkeitengesetz

Anmerkungen:
Mit § 117 wird gegen Lärmbelästigung und mit § 118 gegen so genannte „Wildpinkler" vorgegangen.

§ 117 Unzulässiger Lärm

(1) Ordnungswidrig handelt, wer **ohne berechtigten Anlass** oder in einem unzulässigen oder nach den Umständen **vermeidbaren Ausmaß** Lärm erregt, der geeignet ist, **die Allgemeinheit oder die Nachbarschaft erheblich zu belästigen** oder die Gesundheit eines anderen zu schädigen.

(2) Die Ordnungswidrigkeit kann mit einer Geldbuße bis zu fünftausend Euro geahndet werden, wenn die Handlung nicht nach anderen Vorschriften geahndet werden kann.

§ 118 Belästigung der Allgemeinheit

(1) Ordnungswidrig handelt, **wer eine grob ungehörige Handlung vornimmt**, die geeignet ist, **die Allgemeinheit zu belästigen oder zu gefährden und die öffentliche Ordnung zu beeinträchtigen**.
(2) Die Ordnungswidrigkeit kann mit einer Geldbuße geahndet werden, wenn die Handlung nicht nach anderen Vorschriften geahndet werden kann.

8. Ladenschlussgesetz

§ 1 Verkaufsstellen

(1) **Verkaufsstellen im Sinne dieses Gesetzes sind**
1.
Ladengeschäfte aller Art, Apotheken, Tankstellen und Bahnhofsverkaufsstellen,
2.
sonstige Verkaufsstände und -buden, Kioske, Basare und ähnliche Einrichtungen, falls in ihnen ebenfalls von einer festen Stelle aus ständig Waren zum Verkauf an jedermann feilgehalten werden. Dem Feilhalten steht das Zeigen von Mustern, Proben und ähnlichem gleich, wenn Warenbestellungen in der Einrichtung entgegengenommen werden,
3.
Verkaufsstellen von Genossenschaften.

(2) Zur Herbeiführung einer einheitlichen Handhabung des Gesetzes kann das Bundesministerium für Arbeit und Soziales im Einvernehmen mit dem Bundesministerium für Wirtschaft und Energie durch Rechtsverordnung mit Zustimmung des Bundesrates bestimmen, welche Einrichtungen Verkaufsstellen gemäß Absatz 1 sind.

§ 2 Begriffsbestimmungen

(1) Feiertage im Sinne dieses Gesetzes sind die gesetzlichen Feiertage.

(2) Reisebedarf im Sinne dieses Gesetzes sind Zeitungen, Zeitschriften, Straßenkarten, Stadtpläne, Reiselektüre, Schreibmaterialien, Tabakwaren, Schnittblumen, Reisetoiletten-artikel, Filme, Tonträger, Bedarf für Reiseapotheken, Reiseandenken und Spielzeug geringeren Wertes, Lebens- und Genussmittel in kleineren Mengen sowie ausländische Geldsorten.

§ 3 Allgemeine Ladenschlusszeiten

Verkaufsstellen müssen zu folgenden Zeiten für den geschäftlichen Verkehr mit Kunden **geschlossen sein**:
1.
an Sonn- und Feiertagen,
2.
montags bis samstags bis 6 Uhr und ab 20 Uhr,
3.
am 24. Dezember, wenn dieser Tag auf einen Werktag fällt, bis 6 Uhr und ab 14 Uhr.
Verkaufsstellen für Bäckerwaren dürfen abweichend von Satz 1 den Beginn der Ladenöffnungszeit an Werktagen auf 5.30 Uhr vorverlegen. Die beim Ladenschluss

anwesenden Kunden dürfen noch bedient werden.

9. Gaststättengesetz

§ 1 Gaststättengewerbe

(1) **Ein Gaststättengewerbe im Sinne dieses Gesetzes betreibt, wer im stehenden Gewerbe**
1.
Getränke **zum Verzehr an Ort und Stelle verabreicht** (Schankwirtschaft) oder
2.
zubereitete Speisen zum Verzehr an Ort und Stelle verabreicht (Speisewirtschaft),
3.
(weggefallen)
wenn der Betrieb jedermann oder bestimmten Personenkreisen zugänglich ist.

(2) Ein Gaststättengewerbe im Sinne dieses Gesetzes betreibt ferner, wer als selbständiger Gewerbetreibender im Reisegewerbe von einer für die Dauer der Veranstaltung ortsfesten Betriebsstätte aus Getränke oder zubereitete Speisen zum Verzehr an Ort und Stelle verabreicht, wenn der Betrieb jedermann oder bestimmten Personenkreisen zugänglich ist.

§ 2 Erlaubnis

(1) **Wer ein Gaststättengewerbe betreiben will, bedarf der Erlaubnis**. Die Erlaubnis kann auch nichtrechtsfähigen Vereinen erteilt werden.

(2) Der Erlaubnis bedarf nicht, wer
1.
alkoholfreie Getränke,
2.
unentgeltliche Kostproben,
3.
zubereitete Speisen oder
4.
in Verbindung mit einem Beherbergungsbetrieb Getränke und zubereitete Speisen an Hausgäste verabreicht.

§ 3 Inhalt der Erlaubnis

(1) Die Erlaubnis ist für eine bestimmte Betriebsart und für bestimmte Räume zu erteilen. Die Betriebsart ist in der Erlaubnisurkunde zu bezeichnen; sie bestimmt sich nach der Art und Weise der Betriebsgestaltung, insbesondere nach den Betriebszeiten und der Art der Getränke, der zubereiteten Speisen, der Beherbergung oder der Darbietungen.

(2) Die Erlaubnis darf auf Zeit erteilt werden, soweit dieses Gesetz es zulässt oder der Antragsteller es beantragt.

§ 6 Ausschank alkoholfreier Getränke

Ist der Ausschank alkoholischer Getränke gestattet, so sind auf Verlangen auch alkoholfreie Getränke zum Verzehr an Ort und Stelle zu verabreichen. **Davon ist mindestens ein alkoholfreies Getränk nicht teurer zu verabreichen als das billigste alkoholische Getränk**. Der Preisvergleich erfolgt hierbei auch auf der Grundlage des hochgerechneten Preises für einen Liter der betreffenden Getränke. Die Erlaubnisbehörde kann für den Ausschank aus Automaten Ausnahmen zulassen.

§ 7 Nebenleistungen

(1) Im Gaststättengewerbe dürfen der Gewerbetreibende oder Dritte auch während der Ladenschlusszeiten Zubehörwaren an Gäste abgeben und ihnen Zubehörleistungen erbringen.

(2) Der Schank- oder Speisewirt darf außerhalb der Sperrzeit zum alsbaldigen Verzehr oder Verbrauch
1.
Getränke und zubereitete Speisen, die er in seinem Betrieb verabreicht,
2.
Flaschenbier, alkoholfreie Getränke, Tabak- und Süßwaren an jedermann über die Straße abgeben.

§ 19 Verbot des Ausschanks alkoholischer Getränke

Aus besonderem Anlass kann der gewerbsmäßige Ausschank alkoholischer Getränke vorübergehend für bestimmte Zeit und für einen bestimmten örtlichen Bereich ganz oder teilweise verboten werden, wenn dies zur Aufrechterhaltung der öffentlichen Sicherheit oder Ordnung erforderlich ist.

§ 20 Allgemeine Verbote

Verboten ist,
1.
Alkohol im Sinne des § 1 Absatz 2 Nummer 1 des Alkoholsteuergesetzes vom 21. Juni 2013 (BGBl. I S. 1650, 1651), das zuletzt durch Artikel 6 des Gesetzes vom 10. März 2017 (BGBl. I S. 420) geändert worden ist, in der jeweils geltenden Fassung, oder überwiegend alkoholhaltige Lebensmittel durch Automaten feilzuhalten,
2.
in Ausübung eines Gewerbes alkoholische Getränke an erkennbar Betrunkene zu verabreichen,
3.
im Gaststättengewerbe das Verabreichen von Speisen von der Bestellung von Getränken abhängig zu machen oder bei der Nichtbestellung von Getränken die Preise zu erhöhen,

4.

im Gaststättengewerbe das Verabreichen alkoholfreier Getränke von der Bestellung alkoholischer Getränke abhängig zu machen oder bei der Nichtbestellung alkoholischer Getränke die Preise zu erhöhen.

§ 28 Ordnungswidrigkeiten

(1) **Ordnungswidrig handelt**, wer vorsätzlich oder fahrlässig
1.
ohne die nach § 2 Abs. 1 erforderliche Erlaubnis ein Gaststättengewerbe betreibt,
2.
einer Auflage oder Anordnung nach § 5 oder einer Auflage nach § 12 Abs. 3 nicht, nicht vollständig oder nicht rechtzeitig nachkommt,
3.
über den in § 7 erlaubten Umfang hinaus Waren abgibt oder Leistungen erbringt,
4.
ohne die nach § 9 erforderliche Erlaubnis ein Gaststättengewerbe durch einen Stellvertreter betreibt oder in einem Gaststättengewerbe als Stellvertreter tätig ist,
5.
die nach § 4 Abs. 2, § 9 Satz 3 oder § 10 Satz 3 erforderliche Anzeige nicht oder nicht unverzüglich erstattet,
5a.
(weggefallen)
6.

als Inhaber einer Schankwirtschaft, Speisewirtschaft oder öffentlichen Vergnügungsstätte duldet, dass ein Gast nach Beginn der Sperrzeit in den Betriebsräumen verweilt,

7.
entgegen einem Verbot nach § 19 alkoholische Getränke verabreicht,

8.
einem Verbot des § 20 Nr. 1 über das Feilhalten von Alkohol oder überwiegend alkoholhaltigen Lebensmitteln zuwiderhandelt oder entgegen dem Verbot des § 20 Nr. 3 das Verabreichen von Speisen von der Bestellung von Getränken abhängig macht oder entgegen dem Verbot des § 20 Nr. 4 das Verabreichen alkoholfreier Getränke von der Bestellung alkoholischer Getränke abhängig macht,

9.
entgegen dem Verbot des § 20 Nr. 2 in Ausübung eines Gewerbes alkoholische Getränke verabreicht oder in den Fällen des § 20 Nr. 4 bei Nichtbestellung alkoholischer Getränke die Preise erhöht,

10.
Personen beschäftigt, deren Beschäftigung ihm nach § 21 Abs. 1 untersagt worden ist,

11.
entgegen § 22 eine Auskunft nicht, nicht richtig, nicht vollständig oder nicht rechtzeitig erteilt, den Zutritt zu den für den Betrieb benutzten Grundstücken und Räumen nicht

gestattet oder die Einsicht in geschäftliche Unterlagen nicht gewährt,

12.

den Vorschriften einer auf Grund der §§ 14, 18 Abs. 1, des § 21 Abs. 2 oder des § 26 Abs. 1 Satz 2 erlassenen Rechtsverordnung zuwiderhandelt, soweit die Rechtsverordnung für einen bestimmten Tatbestand auf diese Bußgeldvorschrift verweist.

(2) Ordnungswidrig handelt auch, wer

1.

entgegen § 6 Satz 1 keine alkoholfreien Getränke verabreicht oder entgegen § 6 Satz 2 nicht mindestens ein alkoholfreies Getränk nicht teurer als das billigste alkoholische Getränk verabreicht,

2. (weggefallen)

3. (weggefallen)

4.

als Gast in den Räumen einer Schankwirtschaft, einer Speisewirtschaft oder einer öffentlichen Vergnügungsstätte über den Beginn der Sperrzeit hinaus verweilt, obwohl der Gewerbetreibende, ein in seinem Betrieb Beschäftigter oder ein Beauftragter der zuständigen Behörde ihn ausdrücklich aufgefordert hat, sich zu entfernen.

(3) Die Ordnungswidrigkeit kann mit einer Geldbuße bis zu fünftausend Euro geahndet werden.

10. Kreislaufwirtschaftsgesetz

Anmerkungen:
Mit dem Kreislaufwirtschaftsgesetz wird „Vermüllungen" im öffentlichen Raum begegnet.

§ 15 Grundpflichten der Abfallbeseitigung

(1) **Die Erzeuger oder Besitzer von Abfällen, die nicht verwertet werden, sind verpflichtet, diese zu beseitigen**, soweit in § 17 nichts anderes bestimmt ist. Durch die Behandlung von Abfällen sind deren Menge und Schädlichkeit zu vermindern. Energie oder Abfälle, die bei der Beseitigung anfallen, sind hochwertig zu nutzen; § 8 Absatz 1 Satz 3 gilt entsprechend.

(2) **Abfälle sind so zu beseitigen, dass das Wohl der Allgemeinheit nicht beeinträchtigt wird**. Eine Beeinträchtigung liegt insbesondere dann vor, wenn
1.
die Gesundheit der Menschen beeinträchtigt wird,
2.
Tiere oder Pflanzen gefährdet werden,
3.
Gewässer oder Böden schädlich beeinflusst werden,
4.

schädliche Umwelteinwirkungen durch Luftverunreinigungen oder Lärm herbeigeführt werden,

5.

die Ziele oder Grundsätze und sonstigen Erfordernisse der Raumordnung nicht beachtet oder die Belange des Naturschutzes, der Landschaftspflege sowie des Städtebaus nicht berücksichtigt werden oder

6.

die öffentliche Sicherheit oder Ordnung in sonstiger Weise gefährdet oder gestört wird.

§ 17 Überlassungspflichten

(1) **Abweichend von § 7 Absatz 2 und § 15 Absatz 1 sind Erzeuger oder Besitzer von Abfällen aus privaten Haushaltungen verpflichtet, diese Abfälle den nach Landesrecht zur Entsorgung verpflichteten juristischen Personen (öffentlich-rechtliche Entsorgungsträger) zu überlassen**, soweit sie zu einer Verwertung auf den von ihnen im Rahmen ihrer privaten Lebensführung genutzten Grundstücken nicht in der Lage sind oder diese nicht beabsichtigen. **Satz 1 gilt auch für Erzeuger und Besitzer von Abfällen zur Beseitigung aus anderen Herkunftsbereichen, soweit sie diese nicht in eigenen Anlagen beseitigen.** Die Befugnis zur Beseitigung der Abfälle in eigenen Anlagen nach Satz 2 besteht nicht, soweit die Überlassung der

Abfälle an den öffentlich-rechtlichen Entsorgungsträger auf Grund überwiegender öffentlicher Interessen erforderlich ist.

Notizen

Notizen